Wolfgang Link

Low-Carb-Desserts

40 Desserts mit
wenig Kohlenhydraten

Inhalt

Rezepte

Low-Carb-Desserts – Nachtisch muss sein!

Ein Dessert ist ein wunderbarer Abschluss einer köstlichen Mahlzeit, sozusagen das Tüpfelchen auf dem i. Ob cremig, fruchtig oder herzhaft – hier sind die Vorlieben oft ganz unterschiedlich.

Die Lust auf Süßes

Schon die süßlich schmeckende Muttermilch prägt offensichtlich unseren Gaumen, und auch was Mütter während der Schwangerschaft und Stillzeit zu sich nehmen, hat Einfluss auf unsere geschmacklichen Vorlieben.

Ob wir eher Naschkatzen werden oder nicht, hängt auch von der Erziehung ab. Säuglinge bilden ihren Geschmack unter anderem dadurch aus, dass sie lernen, zu mögen, was ihnen angeboten wird. Auch der Nachahmeffekt spielt eine große Rolle. Und wer als Kind häufig mit Süßigkeiten getröstet oder belohnt wurde, greift auch als Erwachsener gerne mal zum zuckerhaltigen »Seelentröster«.

Evolutionsbiologisch betrachtet war die Vorliebe für Süßes durchaus sinnvoll und sogar lebensrettend: Zum einen konnte man aufgrund des süßen Geschmacks auch bei unbekannten Nahrungsmitteln sichergehen, dass man nichts Giftiges verzehrte, andererseits war Süßes ein Garant für die notwendige Versorgung mit Energie. Wir sind also genetisch auf »süß« programmiert, auch wenn die überlebenswichtige Notwendigkeit dafür heutzutage in den Hintergrund getreten ist.

Nehmen wir Kohlenhydrate mit der Nahrung auf, steigt unser Blutzuckerspiegel. Dies bringt das blutzuckersenkende Hormon Insulin ins Spiel, das den erhöhten Blutzuckerspiegel wieder auf das Ausgangsniveau senkt.

Die Kehrseite der Medaille: Hohe Insulinspiegel fördern die Fetteinlagerung und hemmen gleichzeitig die Fettverbrennung. Insulin lässt also unsere Fettpolster wachsen.

Besonders ausgeprägt ist dieser Effekt, wenn wir kohlenhydrathaltige Speisen essen, die sowohl den Blutzucker- als auch den Insulinspiegel rasant in die Höhe treiben, etwa Weißbrot, Backwaren, Süßigkeiten oder zuckerhaltige Getränke.

Häufig lösen wir den Hunger auf Süßes aber auch selbst aus – durch das, was wir essen. Kohlenhydratreiche Mahlzeiten lassen unseren Blutzucker Achterbahn fahren und machen so Appetit auf mehr – vor allem auf mehr Kohlenhydrate. Dieser Heißhunger lässt sich jedoch gut in den Griff bekommen. Weniger Kohlenhydrate sorgen für ausgeglichene Blutzucker- und Insulinspiegel: Die Kohlenhydratfalle kann nicht mehr zuschnappen.

Low-Carb

Der Begriff Low-Carb kommt aus dem Englischen (low = niedrig; carb als Abkürzung von carbohydrates = Kohlenhydrate) und steht genau dafür: für eine Ernährungsform, bei der die Zufuhr von Kohlenhydraten bewusst eingeschränkt wird.

Das Sättigungsgefühl hält hier nicht lange an, und die nächste Hungerattacke lauert schon. Das bedeutet: noch mehr Kohlenhydrate! Da die Zuckerbausteine jedoch nur sehr begrenzt in Form von Glykogen in der Leber und in den Muskeln gespeichert werden können, werden überschüssige Kohlenhydrate – sofern sie nicht durch Bewegung verbraucht werden – in eine andere Speicherform umgewandelt: in Fett.

Gerade Menschen mit Übergewicht, erhöhten Blutfetten oder Typ-2-Diabetes profitieren von einer Low-Carb-Ernährung. Doch auch für alle anderen ist diese gesunde Art sich zu ernähren geeignet.

LOGI

Die LOGI-Methode, eine moderate Form der Low-Carb-Ernährung, ist eine wissenschaftlich fundierte, alltagstaugliche und nachhaltige Ernährungsweise, die einen niedrigen Blutzuckerspiegel und eine geringe Insulinausschüttung bedingt. So wird die Fettverbrennung gefördert und die Fettspeicherung gehemmt. Wasser-, ballaststoff- und eiweißreiche Lebensmittel garantieren eine lang anhaltende Sättigung.

Basis der LOGI-Ernährung sind kalorien- und kohlenhydratarme Lebensmittel wie Gemüse, Salate und Pilze, die mit einem hohen Wasser- und Ballaststoffgehalt punkten und die mit hochwertigen Fetten und Ölen zubereitet werden. Zudem stehen zuckerarme Obstarten wie Beeren sowie fettreiche Avocados, Nüsse und Saaten im Mittelpunkt. Ebenso wichtig: eiweißreiche Sattmacher wie Eier, Fisch, Milchprodukte, Hülsenfrüchte, Fleisch und Käse.

Neben der Frage, wie schnell oder langsam die Kohlenhydrate den Blutzucker ansteigen lassen, kommt es auch auf die Menge der Kohlenhydrate an. Sie entscheidet darüber, wie viel Insulin von der Bauchspeicheldrüse ausgeschüttet werden muss.

Je nach Gesundheitszustand und körperlicher Aktivität können bei LOGI etwa 80 bis 130 Gramm Kohlenhydrate täglich gegessen werden. Brot, Kartoffeln und Nudeln passen in kleinen Portionen durchaus in die LOGI-Kost, wie auch mal ein Stückchen Schokolade – und natürlich auch ein Dessert! Sie müssen also keineswegs ganz auf süße Verführungen verzichten, wenn Sie bewusst Ihre Kohlenhydratzufuhr reduzieren. Aber: Auf die Zutaten und natürlich auch auf die Menge kommt es an. Schließlich ist ein Dessert das Tüpfelchen auf dem i und nicht gleich das ganze Alphabet.

Tipps für Low-Carb-Naschkatzen

Jeder Deutsche nimmt jährlich durchschnittlich etwa 34 Kilogramm Zucker zu sich, also rund 100 Gramm pro Tag, einen großen Teil davon unbewusst. Kein Wunder, wenn unsere Geschmacksnerven von Süßem erschlagen werden. So gaukelt uns zum Beispiel ein Erdbeerjoghurt, der in Wirklichkeit kaum eine Erdbeere gesehen hat, vor, wie süß Erdbeeren schmecken sollten. Die Erdbeere aus der freien Natur kommt uns im Vergleich dazu natürlich eher sauer oder geschmacksarm vor. Dabei schmecken sonnengereifte Erdbeeren durchaus süß, auch wenn sie einen eher niedrigen Zuckeranteil haben.

Höchste Zeit also, unseren Gaumen wieder zu sensibilisieren und überflüssigem Zucker die rote Karte zu zeigen. Gewöhnen sie sich schrittweise daran, weniger Zucker und auch insgesamt weniger andere Süßungsmittel zu verwenden. So vermeiden Sie Blutzuckerschwankungen und verringern Ihr Verlangen nach Zucker und Kohlenhydraten. Gleichzeitig nehmen Sie die natürliche Süße, z. B. von Obst, wieder viel intensiver wahr.

Verstecktem Zucker auf der Spur

Vorsicht bei industriell hergestellten Süßspeisen wie Eis am Stiel, Joghurterzeugnissen oder Puddings – nicht nur wegen der vielen künstlichen und oftmals ungesunden Inhaltsstoffe, sondern weil Ihnen hier ohne Not Kohlenhydrate untergejubelt werden. Saccharose, Glucose, Traubenzucker, Dextrose, Fructose, Fruchtzucker, Maltose, modifizierte Stärke, Maisstärke,

Weizenstärke, Invertzucker, Glukosesirup oder Malzzucker – die Liste der Namen für Zucker ist lang. Ein Blick auf die Zutenliste lohnt sich, wenn man überflüssige Kohlenhydrate und Kalorien vermeiden möchte. Denken Sie bei Ihrem Blick hinter die Kulissen auch an Getränke. Industriell hergestellte Softdrinks enthalten häufig mehr als 10 Gramm Zucker pro 100 Milliliter Getränk, von den chemischen Zusatzstoffen ganz zu schweigen.

Früchte: Zuckerarm oder zuckerreich?

Der Zuckergehalt der einzelnen Obstarten ist zum Teil sehr unterschiedlich.

Beim zuckerarmen Beerenobst liegen Sie immer richtig: Erdbeeren, Brombeeren, Himbeeren, Heidelbeeren, Johannisbeeren, Stachelbeeren – hiervon können Sie ganz unbedenklich größere Mengen naschen. Ihr Kohlenhydratgehalt liegt bei etwa 5 bis 7 Gramm pro 100 Gramm verzehrbarem Anteil. In diesem Bereich bewegen sich auch Papaya, Sternfrucht, Quitte und Grapefruit.

Auch Äpfel, Birnen, Pfirsiche, Kiwi, Orangen, Mandarinen, Wassermelonen und Aprikosen haben einen eher moderaten Kohlenhydratgehalt (8 bis 12 Gramm pro 100 Gramm verzehrbarem Anteil).

Zu den zuckerreichen Obstarten (mehr als 12 Gramm Kohlenhydrate pro 100 Gramm verzehrbarem Anteil) gehören vor allem Bananen, Weintrauben, Mirabellen, Honigmelonen, süße Kirschen, Granatäpfel, Feigen und Mangos. Da sie den Blutzucker und damit die Insulinausschüttung stärker erhöhen als die zuckerärmeren Obstsorten, sollten sie eher in kleineren Mengen verzehrt werden.

Alternativen zum Süßen

Raffinierter Zucker hat außer süßem Geschmack und Kalorien rein gar nichts zu bieten. Alternativen dazu sind verschiedene Naturprodukte wie Honig, Dicksäfte (Apfel-, Birnen- oder Agavendicksaft) oder Ahornsirup, die einen typischen Eigengeschmack und ein paar Vitamine und Mineralstoffe mitbringen. Während die Dicksäfte intensiv nach der Frucht schmecken, aus der sie gewonnen wurden, hat Ahornsirup eine karamellartig-nussige Geschmacksnote.

Ebenso wie Zucker liefern diese Süßungsmittel Kohlenhydrate und Kalorien. Aufgrund ihres hohen Gehalts an Fruchtzucker haben sie jedoch eine höhere Süßkraft, d. h. um die gleiche Süße wie mit Haushaltszucker zu erreichen, braucht man deutlich weniger davon. Mehr Fruchtzucker bedeutet auch, geringere Auswirkungen auf Blutzucker- und Insulinspiegel.

Aber Vorsicht: Genau dadurch fehlt das natürliche Sättigungssignal und man nimmt ganz schnell, ohne es zu merken, eine Menge überflüssiger Kalorien auf. Auch erhöhte Blutfettwerte, eine Fettleber oder Gicht können die Folge sein, wenn zu viel Fruchtzucker verzehrt wird. Deswegen sollten auch diese Zuckeralternativen nur sparsam eingesetzt werden.

Wer ganz auf zusätzliche Kohlenhydrate und Kalorien verzichten möchte, kann mit dem Süßstoff Stevia süßen. Das aus dem Süßkraut bzw. Honigkraut Stevia rebaudi-ana gewonnene Süßungsmittel hat im Vergleich zu Haushaltszucker etwa 300-mal mehr Süßkraft. Es enthält keinerlei Kalorien bzw. Kohlenhydrate und lässt den Blutzuckerspiegel unverändert. Stevia ist koch- und backfest, flüssig oder in Pulverform erhältlich und eine gute Alternative zum Süßen Ihrer Speisen. Ein kleiner Wermutstropfen ist der lakritzartige, leicht bittere Eigengeschmack von Stevia.

Und nun zum praktischen Teil: Er liefert Ihnen feine, alltagstaugliche Dessertrezepte zur Abrundung Ihrer Mahlzeiten. Dabei kommen anstelle von Zucker kleine Mengen alternativer Süßungsmittel zum Einsatz. Doch wer weiß, vielleicht können Sie ja auch auf diese nach und nach verzichten.

Fazit: Mit diesen Desserts kommen auch Low-Carb-Naschkatzen voll auf ihre Kosten. Herzhafte Dessertkreationen bringen Abwechslung für den Gaumen. Probieren Sie es doch gleich mal aus!

Birnen-Himbeer-Salat mit Frischkäsecreme

FÜR 4 PERSONEN

- 2 Birnen (z. B. Nashi-Birnen)
- 400 g Himbeeren
- 1 Bund frische Minze
- 100 g Frischkäse (Rahmstufe)
- 4 EL Erdbeersaft (Reformhaus)
- 50 g Erdnüsse (geröstet, ungesalzen)
- Saft von ½ Zitrone

1 Portion (ca. 230 g): 235 kcal, 8 g Eiweiß (13 E%), 11 g Fett (45 E%), 24 g Kohlenhydrate (42 E%)

01 Die Birnen nach dem Entfernen von Schale und Kerngehäuse in feine Scheiben schneiden. Himbeeren verlesen, waschen und abtropfen lassen.

02 Von der gewaschenen Minze die Blätter abzupfen und fein hacken. Frischkäse und Erdbeersaft verrühren und die Minze unterheben.

03 Eine Pfanne erhitzen und die Erdnüsse darin 2–3 Minuten ohne Fett rösten.

04 Birnenscheiben und Himbeeren mit dem Zitronensaft vermischen.

05 Den Birnen-Himbeer-Salat zusammen mit der Frischkäsecreme in einer Schale anrichten. Die gerösteten Erdnüsse darüberstreuen.

TIPP: Aus den verbleibenden Erdnüssen können Sie ganz leicht Erdnussbutter machen, indem Sie die Erdnüsse in einem Mörser fein zermahlen und mit etwas Öl und einer Prise Salz eine streichfähige Masse herstellen.

Melonen-Frucht-Salat

- 2 Passionsfrüchte
- 200 g Tofu (natur)
- Saft von 1 Orange
- 100 g Walnüsse (geschält)
- 20 g Weizenkleie (ca. 2 EL)
- 400 g Wassermelone
- 4 Minzeblättchen

1 Portion (ca. 190 g): 270 kcal, 10 g Eiweiß (15 E%), 21 g Fett (67 E%), 12 g Kohlenhydrate (18 E%)

01 Die Passionsfrüchte halbieren und die Kerne mit einem Löffel herausholen. Tofu abtropfen lassen und grob zerbröckeln. Die Früchte und den Tofu in einem hohen Gefäß mit einem Stabmixer pürieren.

02 Den Orangensaft zur Frucht-Tofu-Masse hinzufügen und nochmals pürieren.

03 Walnüsse und die Weizenkleie in einer Pfanne ohne Fett goldbraun anrösten.

04 Die Melone schälen, entkernen und in etwa 1 cm große Stücke schneiden.

05 Das Tofu-Frucht-Mousse, die Melonen und die Walnüsse schichtweise in Schälchen füllen. Das Dessert für etwa 10 Minuten in den Kühlschrank stellen.

06 Die Schälchen aus dem Kühlschrank nehmen, mit den Minzeblättern garnieren und servieren.

TIPP: Außerhalb der Melonensaison können ersatzweise Heidelbeeren oder Himbeeren verwendet werden.

Limetten-Quark-Nocken mit Pfirsichsauce

FÜR 4 PERSONEN

- 1 Blatt Gelatine
- 6 EL kaltes Wasser
- 250 ml Wasser (für Wasserbad)
- 1 Eiweiß (von einem Ei Größe L)
- 250 g Magerquark
- Saft von 1 Limette
- 250 g Pfirsiche
- 50 ml Wasser
- ½ Bund frische Minze

1 Portion (ca. 170 g): 85 kcal, 11 g Eiweiß (54 E%), <1 g Fett (4 E%), 8 g Kohlenhydrate (42 E%)

01 Gelatine 2 Minuten im Wasser einweichen, ausdrücken und in eine Schüssel geben. Eiweiß vom Dotter trennen. Eiweiß steif schlagen und beiseitestellen.

02 Den Quark mit dem Limettensaft verrühren.

03 Einen Topf mit Wasser aufkochen und als Wasserbad herrichten.

04 In der Schüssel die Gelatine über dem Wasserbad gut auflösen und nach und nach in die Quarkmasse rühren. Den Eischnee dazugeben und langsam untermengen. Quarkmousse für 1 Stunde im Kühlschrank kalt stellen.

05 In der Zwischenzeit die Pfirsiche schälen, halbieren und entkernen. Die Pfirsichhälften mit Wasser vermischen und mit einem Stabmixer pürieren.

06 Die Pfirsichsauce auf tiefe Teller geben, den Limettenquark mit einem Esslöffel in Nocken abstechen und auf dem Fruchtsaucenspiegel anrichten.

07 Vor dem Servieren die Minze waschen, einige Blätter abzupfen und die Mousse damit dekorieren.

TIPP: Pfefferminze – dieses Kraut ist das wohl bekannteste im Kampf gegen Magenscherzen. Als Tee getrunken beruhigt es den Magen- und Darmtrakt.

Papayafrischkäse mit Walnüssen

FÜR 4 PERSONEN

- 250 g Frischkäse
- 100 ml Milch (3,5 % Fett)
- 1 EL Sanddornsaft
- 1 Vanilleschote
- 100 g Walnüsse (geschält)
- 1 Papaya (ca. 200 g)
- 1 Limette

1 Portion (ca. 170 g): 340 kcal, 11 g Eiweiß (13 E%), 29 g Fett (78 E%), 7 g Kohlenhydrate (9 E%)

01 Den Frischkäse mit der Milch und der Hälfte des Sanddornsafts cremig rühren. Die Vanille aus der Vanilleschote schaben und unter die Quarkmasse rühren.

02 Walnüsse in einer Pfanne ohne Fett goldbraun anrösten.

03 Papaya halbieren, entkernen, schälen und in 2 cm große Stücke schneiden. Die Limette von der Schale befreien und anschließend in 8 Scheiben schneiden. Den restlichen Sanddornsaft in einer Pfanne erhitzen und die Limettenscheiben darin ca. 1–2 Minuten wenden und überziehen.

04 Die Frischkäsecreme in Schälchen füllen und die Limettenscheiben darauflegen. Anschließend die Papayastücke sowie die Walnüsse darüberstreuen.

TIPP: Walnüsse aus Frankreich gelten als besonders fein. Die Samenkerne werden zum einen als schmackhafte Zutat in verschiedenen Gerichten verwendet, zum anderen wird aus ihnen hochwertiges Walnussöl hergestellt, das durch seinen intensiven Geschmack und seine hohe Qualität besticht.

Pfirsich-Mascarpone-Kokoscreme

FÜR 4 PERSONEN

- 250 g Mascarpone
- 200 ml Milch (1,5 % Fett)
- 1 TL Honig
- 50 g Kokosraspel
- Saft von ½ Zitrone
- 500 g Pfirsiche (4 Stück)
- 50 g Pflaumen (getrocknet)
- 1 TL Zimt

1 Portion (ca. 260 g): 430 kcal, 7 g Eiweiß (6 E%), 34 g Fett (72 E%), 24 g Kohlenhydrate (22 E%)

01 Mascarpone mit Milch, Honig, Kokosraspeln und Zitronensaft verrühren.

02 Pfirsiche unter fließendem Wasser waschen, halbieren, entkernen und in feine Streifen schneiden. Die getrockneten Pflaumen vierteln.

03 Die Mascarponemasse in Schalen füllen und die Pfirsiche darüber geben.

04 Vor dem Servieren die Mascarponecreme mit den Pflaumenstücken dekorieren und mit Zimt bestreuen.

Avocadocreme mit Melonen-Orangen-Confit

FÜR 4 PERSONEN

- 100 g Kokosflocken
- 2 Orangen
- 1 Honigmelone (ca. 400 g)
- 1 Prise Salz
- 1 EL Honig
- 2 reife Avocados
- 150 g Schlagsahne

1 Portion (ca. 320 g): 510 kcal, 6 g Eiweiß (4 E%), 42 g Fett (75 E%), 26 g Kohlenhydrate (21 E%)

01 Die Kokosflocken in einer heißen Pfanne ohne Fett goldgelb anrösten.

02 Die Orangen von der Schale und der weißen Haut befreien. Die Fruchtfilets zwischen den Trennhäuten mit einem scharfen Messer vorsichtig herauslösen und dabei den austretenden Saft auffangen. Die Melone entkernen, schälen und in kleine Würfel schneiden. Die Orangenfilets in einer Schüssel mit Salz und Honig abschmecken und mit den Melonenwürfeln vermengen.

03 Für die Avocadocreme die Avocados längs halbieren, entsteinen und das Fruchtfleisch aus der Schale löffeln. 4 EL vom Orangensaft aus der Schüssel zugeben und in einem hohen Gefäß mit einem Stabmixer pürieren.

04 Die Sahne steif schlagen und unter die Avocadomasse heben.

05 Die Avocadocreme abwechselnd mit dem Melonen-Orangen-Confit in Gläser füllen.

06 Mit den gerösteten Kokosflocken bestreuen und servieren.

Blaubeer-Joghurt-Gelee mit Himbeersauce

FÜR 4 PERSONEN

- 2 Blatt Gelatine
- 6 EL kaltes Wasser
- 150 ml Wasser (für Wasserbad)
- 2 Eiweiß (von Eiern Größe M)
- 400 g Magerjoghurt
- 350 g Blaubeeren
- Saft von 1 Limette
- 200 g Himbeeren
- 50 ml Wasser
- ½ Bund frische Minze

1 Portion (ca. 270 g): 105 kcal, 7 g Eiweiß (32 E%), 1 g Fett (9 E%), 14 g Kohlenhydrate (59 E%)

01 Gelatine 2 Minuten im Wasser einweichen, ausdrücken und in eine Schüssel geben.

02 Eiweiß steif schlagen und beiseitestellen.

03 Joghurt, Limettensaft und Blaubeeren mit einem Stabmixer pürieren.

04 Einen Topf mit Wasser aufkochen und als Wasserbad herrichten.

05 In der Schüssel die Gelatine über dem Wasserbad gut auflösen und nach und nach in die Joghurtmasse einrühren. Den Eischnee dazugeben und vorsichtig unterheben. Nun das Gelee für 1 Stunde im Kühlschrank kalt stellen.

06 In der Zwischenzeit die Himbeeren verlesen und kurz waschen. Die Himbeeren und das Wasser mit einem Stabmixer pürieren.

07 Die Himbeersauce in tiefe Teller geben, das Blaubeer-Joghurt-Gelee mit einem Esslöffel in Nocken abstechen und auf dem Fruchtsaucenspiegel anrichten.

08 Vor dem Servieren die Minze waschen, einige Blätter abzupfen und das Gelee damit dekorieren.

Klassisches Erdbeerdessert

FÜR 4 PERSONEN

- 2 Mangos
- 200 g Tofu (natur)
- Saft von 1 Orange
- 50 g Erdnüsse (ohne Salz)
- 400 g Erdbeeren
- 8 Minzeblättchen

1 Portion (ca. 230 g): 190 kcal, 9 g Eiweiß (20 E%), 9 g Fett (43 E%), 17 g Kohlenhydrate (37 E%)

01 Mangos schälen und vom Kern befreien. Tofu abtropfen und grob zerbröckeln. Früchte und Tofu in einem hohen Gefäß mit einem Stabmixer pürieren.

02 Den Orangensaft ebenfalls zu den Früchten und dem Tofu geben und das Ganze nochmals pürieren.

03 Die Erdnüsse in einer Pfanne ohne Fett goldbraun anrösten.

04 Die Erdbeeren unter fließendem Wasser kurz abbrausen, vom Strunk befreien und vierteln.

05 Die Tofu-Frucht-Mousse, die Erdbeeren und die Erdnüsse schichtweise in Gläser einfüllen. Das Erdbeerdessert für etwa 30 Minuten in den Kühlschrank stellen.

06 Die Gläser aus dem Kühlschrank nehmen, mit den Minzeblättern garnieren und servieren.

TIPP: Erdnüsse sind eigentlich Hülsenfrüchte und reifen in der Erde. Je nach Sorte wachsen in den Hülsen zwei bis drei rundliche bis längliche Erdnüsse heran. Die Nuss, die keine ist, enthält viel gesundes Eiweiß und liefert vor allem die Vitamine B und E.

Zitronensorbet

- 6 unbehandelte Zitronen (Bio)
- 1 TL Ahornsirup
- 2 Birnen (z. B. Nashi-Birnen)
- ½ Bund Zitronenmelisse
- 2 Tropfen Rumaroma
- 1 Eiweiß (von einem Ei Größe M)

1 Portion (ca. 205 g): 90 kcal, 2 g Eiweiß (13 E%), 1 g Fett (12 E%), 13 g Kohlenhydrate (75 E%)

01 Die Zitronen auspressen und den Saft in einem Topf mit dem Ahornsirup aufkochen und anschließend erkalten lassen.

02 Die Birnen schälen, vierteln, Kerngehäuse entfernen und das Fruchtfleisch fein würfeln. Die Melisse waschen, trocken schütteln und die Blätter abzupfen. Die Birnen und die Melisse mit einem Stabmixer in einer Metallschüssel fein pürieren.

03 Den Zitronensaft und das Rumaroma untermengen. Das Püree abgedeckt im Gefrierschrank 2 Stunden gefrieren. Damit sich feine Eiskristalle bilden, alle 30 Minuten umrühren.

04 Sobald das Püree zu gefrieren beginnt, das Eiweiß steif schlagen und unter das Sorbet heben. Den Einfriervorgang mit dem regelmäßigen Umrühren fortsetzen – insgesamt über eine Dauer von 4–5 Stunden.

05 Vor dem Servieren noch einmal gut durchrühren, Eisportionen abstechen und auf Schalen verteilen.

TIPP: Um mehr Flüssigkeit aus der Zitrone zu bekommen, diese vor dem Verarbeiten auf einen harten Untergrund mit leichtem Druck mehrfach hin und her rollen.

Heidelbeercreme mit Zitronenmelisse

FÜR 4 PERSONEN

- 400 g Quark (Vollfett)
- 1 EL Agavendicksaft
- Saft von 1 Zitrone
- 500 g Heidelbeeren
- ½ Bund frische Zitronenmelisse

1 Portion (ca. 250 g): 225 kcal, 12 g Eiweiß (23 E%), 12 g Fett (51 E%), 14 g Kohlenhydrate (26 E%)

01 Quark mit Agavendicksaft und Zitronensaft verrühren.

02 Heidelbeeren verlesen, unter fließendem Wasser waschen und abtropfen lassen.

03 Abwechselnd Quark und Heidelbeeren in Gläser schichten. Einige Heidelbeeren zum Garnieren beiseitelegen.

04 Zitronenmelisse waschen, trocken schütteln und die Blättchen vom Stiel befreien.

05 Die Heidelbeercreme vor dem Servieren mit den restlichen Heidelbeeren und den Melisseblättern dekorieren.

TIPP: Hauptsächlich wird das nach Zitronen riechende Kraut Zitronenmelisse zur Beruhigung des Nervensystems eingesetzt. Aber auch in Tees und Arzneimitteln soll es gegen Schlafstörungen und Unruhe wirken.

Gewürzapfel mit Vanille-Mascarpone-Creme

FÜR 4 PERSONEN

- 100 ml Apfelsaft
- 1 Beutel Glühweingewürz
- 1 Zimtstange
- 4 mittelgroße Äpfel (z. B. Boskop)
- 200 g Mascarpone
- 100 ml Sahne
- 1 Vanilleschote

1 Portion (ca. 215 g): 355 kcal, 3 g Eiweiß (4 E%), 28 g Fett (71 E%), 22 g Kohlenhydrate (25 E%)

01 Den Apfelsaft mit dem Glühweingewürz und der Zimtstange in einer Pfanne erhitzen und aufkochen lassen.

02 Äpfel schälen, das Kerngehäuse entfernen und der Länge nach sechsteln. Die Äpfel ca. 2–3 Minute im Gewürzapfelsaft köcheln lassen. 4 EL Sud beiseitestellen. Anschließend die Apfelspalten mit dem restlichen Gewürzsud in Schälchen füllen.

03 Für die Vanille-Mascarpone-Creme den Mascarpone mit Sahne und 4 EL Gewürzsud glatt rühren. Die Vanilleschote längs halbieren, mit einem Teelöffel das Vanillemark ausstreichen und ebenfalls in die Creme rühren.

04 Die Vanille-Mascarpone-Creme auf die Äpfel geben und servieren.

Gebratene Birnen mit Ricotta-Quark-Creme

FÜR 4 PERSONEN

- 200 g Ricotta
- 100 g Quark (Vollfett)
- ½ Zitrone (Bio)
- 1 EL Honig
- 4 Birnen (z. B. Williams Christ)
- 50 g Butter
- 100 g Haselnüsse (gehackt)

1 Portion (ca. 270 g): 465 kcal, 12 g Eiweiß (10 E%), 36 g Fett (69 E%), 24 g Kohlenhydrate (21 E%)

01 Ricotta und Quark mit der abgeriebenen Schale der Zitrone vermischen. In die Creme den Zitronensaft sowie den Honig mischen. Die Birnen waschen, längs vierteln und vom Kerngehäuse befreien.

02 Butter in einer Pfanne erhitzen und die Birnenviertel darin ca. 5–6 Minuten bei geringer Hitze von allen Seiten anbraten. Haselnüsse dazugeben und wenden.

03 Vor dem Servieren die Birnen mit den Haselnüssen auf Tellern anrichten und mit der Ricotta-Quark-Creme garnieren.

TIPP: Sie haben gerade keine Birnen zu Hause? Kein Problem. Auch Pflaumen oder Äpfel (z. B. Boskop) eignen sich gut für dieses Gericht und Sie müssen nicht nochmal extra los und einkaufen gehen.

Kokospudding mit Pflaumen

FÜR 4 PERSONEN

- 500 ml fettarme Milch (1,5 % Fett)
- 100 ml Kokoscreme/-milch
- Mark von 1 Vanilleschote
- 3 g Johannisbrotkernmehl
- 1 TL Agavendicksaft
- 300 g Pflaumen
- ¼ Bund Zitronenmelisse (oder Minze)

1 Portion (ca. 225 g): 100 kcal, 5 g Eiweiß (20 E%), 2 g Fett (20 E%), 15 g Kohlenhydrate (60 E%)

01 Die Milch zusammen mit der Kokoscreme und dem Mark der Vanilleschote in einem Topf erhitzen, das Johannisbrotkernmehl einrühren und mit Agavendicksaft abschmecken. Kurz aufwallen und dann etwa 10–15 Minuten quellen lassen. Die Pflaumen waschen, entkernen, vierteln und gleichmäßig auf 4 Dessertschalen verteilen.

02 Den Kokospudding umrühren und über die Pflaumen geben. Den Pudding im Kühlschrank 30 Minuten erkalten lassen.

03 In der Zwischenzeit die Melisse waschen und die Blätter abzupfen.

04 Den Kokospudding vor dem Servieren mit der Melisse garnieren.

»Schnelles« Erdbeereis

FÜR 4 PERSONEN

- 250 g Erdbeeren (lose, tiefgekühlte Früchte)
- 250 g Naturjoghurt (3,5 % Fett)
- Saft von ½ Zitrone
- 5 Tropfen flüssiges Stevia

1 Portion (ca. 125 g): 65 kcal, 3 g Eiweiß (20 E%), 3 g Fett (38 E%), 6 g Kohlenhydrate (42 E%)

01 Erdbeeren und Joghurt im Mixer kurz durchrühren, mit Zitronensaft und Stevia abschmecken und anschließend fein pürieren, bis eine halbgefrorene Eismasse entstanden ist.

02 Das Eis in gefrorenem Zustand als Eiscocktail im Glas servieren.

Schaum mit »Bitterglitzer«

FÜR 4 PERSONEN

- 30 g Zartbitterschokolade (Kakaoanteil mind. 70 %)
- 3 Eiweiß (von Eiern Größe M)
- 200 ml Sahne
- 1 gehäufter TL Kakaopulver (ungesüßt)
- 500 g Wassermelone

1 Portion (ca. 200 g): 385 kcal, 8 g Eiweiß (8 E%), 29 g Fett (70 E%), 20 g Kohlenhydrate (22 E%)

01 Die Schokolade fein raspeln. Etwas von den Schokoraspeln für die Garnierung zurückstellen.

02 Eiweiß und Sahne jeweils steif schlagen, anschließend vorsichtig mischen und den Kakao und die Zartbitterschokoladenraspeln unterheben. Die Masse ca. 10 Minuten in den Kühlschrank stellen.

03 Die Wassermelone schälen, von den Kernen befreien und in einem hohen Gefäß mit einem Stabmixer fein pürieren.

04 Die Melonensauce auf tiefe Teller geben, den Schaum mit einem Esslöffel in Nocken abstechen und auf dem Fruchtsaucenspiegel anrichten.

05 Mit den restlichen Schokoladenraspeln garnieren.

Apfellasagne

FÜR 4 PERSONEN

Für die Lasagneplatten (Crêpes)
- 3 Eier (Größe L)
- 3 g Johannisbrotkernmehl
- 40 g Mandeln (gemahlen)
- 30 g Eiweißpulver (neutral)
- 100 ml Milch (1,5 % Fett)
- Mark von 1 Vanilleschote
- 1 TL Walnussöl
- 20 g Butter

Für die Füllung:
- 150 g Magerquark
- 1 Eiweiß und 2 Eigelb (Eier Größe L)
- Saft von 1 Zitrone
- 10 g Butter (Zimmertemperatur)
- 40 g Mascarpone
- 1 TL Zimt
- 20 ml Milch (1,5 % Fett)
- 100 g Apfelmus (ungesüßt)

1 Portion (ca. 200 g): 360 kcal, 24 g Eiweiß (27 E%), 26 g Fett (64 E%), 8 g Kohlenhydrate (9 E%)

01 Backofen auf 160° Umluft vorheizen.

02 Für die Crêpemasse Eier, Johannisbrotkernmehl, Mandeln, Eiweißpulver, Milch, Vanillemark und Walnussöl mit einem Stabmixer fein pürieren.

03 In einer heißen, feuerfesten Pfanne aus jeweils einem Viertel der Butter und der Crêpemasse insgesamt vier Crêpes von beiden Seiten goldbraun ausbacken.

04 Den Quark in ein Geschirrtuch geben und vorsichtig auspressen.

05 Eiweiß steif schlagen und beiseitestellen. Eigelb schaumig rühren. Butter, Mascarpone, Zimt und Milch zugeben und alles gut verrühren. Danach den Quark und den Zitronensaft zufügen und zum Schluss vorsichtig den Eischnee unterheben.

06 Nun die Lasagne in die Crêpepfanne schichten. Dazu den Pfannenboden mit einem Crêpes auslegen und darauf einen Teil des Apfelmuses und anschließend einen Teil der Quark-Mascarpone-Masse verstreichen. Den Vorgang so lange wiederholen, bis alle Zutaten übereinandergeschichtet sind. Den Abschluss bildet die Mascarponecreme.

07 Die Lasagne im Backofen (Mitte) ca. 25–30 Minuten backen.

08 Zum Servieren in vier gleich große Stücke portionieren.

Geeister Kiwitraum

FÜR 4 PERSONEN

- 6 Kiwis
- Saft von 1 Zitrone
- 200 ml halbtrockener Weißwein
  (alternativ: heller Traubensaft)
- 1 EL Apfeldicksaft
- 2 Eiweiß (Größe M)
- ½ TL Speisestärke
- 30 g Zartbitterraspel (mind. 70 %
  Kakaoanteil)

1 Portion (ca. 165 g): 285 kcal, 6 g Eiweiß (8 E%), 14 g Fett (46 E%), 23 g Kohlenhydrate (32 E%), 4 g Alkohol (11 E%)

01 Die Kiwis schälen und vierteln. Kiwi, Zitronensaft, ⅔ des Weines und den Apfeldicksaft mit einem Stabmixer fein pürieren.

02 Das Püree in einer abgedeckten Metallschüssel im Gefrierschrank ca. 3 Stunden gefrieren. Alle 30 Minuten gut umrühren.

03 Vor dem Servieren die Eiweiße mit dem restlichen Wein und der Speisestärke im Wasserbad 5–10 Minuten steif schlagen. Das Sorbet noch einmal durchrühren und in Dessertgläser füllen. Den lauwarmen Weinschaum auf dem Sorbet anrichten und mit Zartbitterraspeln garnieren.

TIPP: Je öfter das Sorbet gerührt wird, desto cremiger wird es.

Sternfruchttiramisu

FÜR 4 PERSONEN

- 200 ml Espresso
- 4 Sternfrüchte (Karambole, ca. 400 g)
- 1 Ei (Größe L)
- 250 g Mascarpone
- 5 Tropfen flüssiges Stevia
- 200 ml Sahne
- 1 Päckchen Sahnesteif
- 1 TL Kakaopulver (ungesüßt, mind.
  70 % Kakaoanteil)

1 Portion (ca. 285 g): 490 kcal, 7 g Eiweiß (6 E%), 43 g Fett (82 E%), 14 g Kohlenhydrate (12 E%)

01 Den Espresso kochen und erkalten lassen. In der Zwischenzeit die Sternfrüchte in ½ cm dicke Sterne schneiden und in eine flache Form legen. Den Espresso über die Sternfrüchte gießen und diese darin 15 Minuten marinieren. Währenddessen das Ei mit dem Mascarpone und Stevia verrühren. Die Sahne mit Sahnesteif steif schlagen und vorsichtig unter die Mascarponecreme heben.

02 Ein Achtel der Sternfrüchte mit wenig Espresso in Dessertschalen geben und den Boden damit bedecken. Darauf jeweils ein Achtel der Mascarponecreme geben. Diese wiederum mit den Sternfrüchten belegen und darauf die restliche Creme füllen. Die Dessertschalen ca. 30 Minuten im Kühlschrank kalt stellen.

03 Das Tiramisu vor dem Servieren mit ein wenig Kakaopulver bestreuen.

Überbackene Beerenfrüchte

FÜR 4 PERSONEN

- 100 g Johannisbeeren
- 100 g Brombeeren
- 100 g Weintrauben (hell, kernlos)
- 100 g Erdbeeren
- 100 g Mandelblätter
- 150 ml Sahne
- 1 Ei (Größe M)

1 Portion (ca. 180 g): 324 kcal, 10 g Eiweiß (12 E%), 27 g Fett (75 E%), 11 g Kohlenhydrate (13 E%)

01 Backofen auf 180° Umluft vorheizen.

02 Die Johannisbeeren und Brombeeren verlesen und kurz unter fließendem Wasser abbrausen.

03 Weintrauben waschen, von den Rispen lösen und halbieren. Die Erdbeeren waschen, putzen und vierteln.

04 In einer heißen Pfanne ohne Fett die Mandelblätter ca. 1–2 Minuten goldbraun anrösten.

05 Anschließend die Früchte in die Pfanne geben, unter die Mandeln heben und beiseitestellen.

06 Die Sahne steif schlagen. Das Eigelb vom Eiweiß trennen. Das Eiweiß ebenfalls steif schlagen und vorsichtig unter die Sahne heben, ebenso das Eigelb.

07 Die Ei-Sahne-Masse gleichmäßig auf der Früchtemischung in der Pfanne verteilen.

08 Das Dessert im Backofen (Mitte) ca. 4–5 Minuten überbacken, bis eine goldbraune Kruste entsteht.

09 Zum Servieren die überbackenen Früchte heiß aus dem Ofen servieren.

TIPP: Haben Sie noch Beeren übrig? Diese können Sie in vielen Rezepten anstelle von anderem Obst einsetzen, da sie zu den zuckerarmen Obstsorten zählen.

Omas Fruchtsalat

FÜR 4 PERSONEN

- 2 Kiwis
- 2 Orangen
- 2 Mandarinen
- 200 g Blaubeeren
- 200 g Erdbeeren
- 1 Apfel (z.B. Boskop)
- 1 Birne (z. B. Williams Christ)
- Saft von 1 Zitrone
- 100 g Walnüsse (gehackt)
- 2 EL Sanddornsaft

1 Portion (ca. 300 g): 310 kcal, 6 g Eiweiß (8 E%), 19 g Fett (57 E%), 26 g Kohlenhydrate (35 E%)

01 Die Kiwis schälen, längs halbieren und in 1 cm dicke Halbmonde schneiden. Die Orangen und die Mandarinen von der Schale und der weißen Haut mit einem scharfen Messer befreien. Anschließend ebenfalls in 1 cm große Stücke schneiden.

02 Blaubeeren verlesen und kurz unter fließendem Wasser abbrausen. Erdbeeren vom Strunk befreien, waschen und vierteln. Apfel und Birne schälen, vierteln, Kernge-häuse entfernen und in 1 cm dicke Stücke schneiden.

03 Alle Früchte in einer Schüssel zusam-men mit dem Zitronensaft, den Walnüssen und dem Sanddornsaft mischen.

04 Den Fruchtsalat in tiefe Teller füllen und servieren.

TIPP: Haben Sie Obst übrig, das Sie einfrieren möchten? Dann sollten Sie das Obst waschen, Stiele und Blätter entfernen und die Früchte gegebenen-falls entsteinen. Anschließend roh ins Gefrierfach legen.

Proteinquark mit Amaranth

FÜR 4 PERSONEN

- 300 g Magerquark
- 150 ml Milch (3,5 % Fett)
- 1 TL Eiweißpulver (Schoko)
- 1 TL Kakaopulver (ohne Zucker)
- 1 EL Apfeldicksaft
- 3 Papaya (ca. 600 g)
- 4 EL gepufften Amaranth (aus dem Reformhaus)
- ½ Bund frische Minze

1 Portion (ca. 250 g): 170 kcal, 15 g Eiweiß (35 E%), 3 g Fett (14 E%), 21 g Kohlenhydrate (51 E%)

01 Den Magerquark mit Milch, Eiweißpulver, Kakaopulver und Apfeldicksaft verrühren.

02 Die Papayas schälen, halbieren, die Kerne entfernen und das Fruchtfleisch in dünne Scheiben schneiden.

03 In Dessertgläser abwechselnd Quarkcreme, Amaranth und Papaya schichten und abschließend mit Quarkcreme bedecken.

04 Vor dem Servieren die Minze waschen, Blätter abzupfen und auf den Desserts garnieren.

Gebratenes Ananasdessert

FÜR 4 PERSONEN

- 1 Ananas (ca. 300 g)
- 50 g Butter
- 50 g Haselnüsse (gehackt)
- 200 g Creme fraîche
- 200 g Stachelbeeren
- 150 g Quark (Vollfett)
- ½ Zitrone (Bio)
- 1 EL Honig
- 50 g Mandeln (gestiftet)

1 Portion (ca. 240 g): 510 kcal, 11 g Eiweiß (9 E%), 44 g Fett (78 E%), 16 g Kohlenhydrate (13 E%)

01 Die Ananas schälen und in 1 cm dicke Scheiben schneiden.

02 Butter in einer Pfanne erhitzen und die Ananasscheiben darin ca. 3–4 Minuten bei geringer Hitze von beiden Seiten anbraten. Haselnüsse dazugeben und wenden.

03 Creme fraîche, Stachelbeeren und Quark mit der abgeriebenen Schale einer und dem Saft der halben Zitrone sowie dem Honig mischen.

04 Die Crememischung unter die gebratene Ananas heben und 1–2 Minuten mitbraten.

05 Das Ananasdessert zum Servieren in Dessertschalen füllen, mit den Mandelstiften bestreuen und noch heiß auf den Tisch bringen.

TIPP: Ungeschälte Mandeln können Sie zum Schälen in kochendes Wasser geben. Nach 2–3 Minuten in ein Sieb abgießen, mit kaltem Wasser abschrecken und abkühlen lassen, Mandel zwischen Daumen und Zeigefinger nehmen und aus der Haut herausdrücken.

Cantaloupemelone im Kokos-Mohn-Mantel

FÜR 4 PERSONEN

- 1 Cantaloupemelone (ca. 600 g)
- 1 EL Eiweißpulver (neutral)
- 2 Eier (Größe M)
- 50 g Kokosflocken
- 10 g Mohn
- 1 EL Erdnussöl
- 1 TL Honig
- 150 g Frischkäse (Rahmstufe)

1 Portion (ca. 210 g): 290 kcal, 12 g Eiweiß (17 E%), 21 g Fett (64 E%), 14 g Kohlenhydrate (19 E%)

01 Die Melone schälen, halbieren und vom Kerngehäuse befreien. Anschließend in 2 cm dicke Halbmonde schneiden.

02 Die Melonenstücke mit einem Küchenpapier abtupfen und mit dem Eiweißpulver bestäuben.

03 Die Eier verquirlen. Kokosflocken mit dem Mohn auf einem Teller vermischen. Die Melonenhalbmonde zunächst im Ei und anschließend in der Kokos-Mohn-Mischung wälzen.

04 In einer Pfanne Erdnussöl erhitzen. Die Melonen darin goldbraun ausbacken, herausnehmen und kurz beiseitestellen.

05 Anschließend den Honig in die Pfanne geben, erhitzen und mit dem Frischkäse ablöschen.

06 Die Melonen vor dem Servieren kurz darin schwenken.

TIPP: Beim Einkauf von Erdnussöl sollten Sie darauf achten, dass es klar und ohne Trübungen ist, denn dies könnte ein Anzeichen für ranziges Öl sein. Lagern Sie das Öl an einem lichtgeschützten, kühlen Orten und verschließen es nach jedem Gebrauch sofort wieder.

Brombeer-Sauerkirsch-Smoothie

FÜR 4 PERSONEN

- 400 g Brombeeren (tiefgekühlt)
- 200 ml Kirschsaft
- 1 EL Sanddornsaft
- 250 g Joghurt (1,5 % Fett)

1 Portion (ca. 215 g): 98 kcal, 4 g Eiweiß (15 E%), 2 g
Fett (23 E%), 15 g Kohlenhydrate (62 E%)

01 Brombeeren in einem hohen Gefäß ca. 5 Minuten antauen lassen.

02 Kirsch- und Sanddornsaft zu den Brombeeren geben und mit einem Stabmixer pürieren.

03 Den Smoothie anschließend in Gläser füllen und den Joghurt als Topping daraufgeben. Jeweils einen Strohhalm dazugeben und dann servieren.

TIPP: Anstelle der Brombeeren können Sie auch tiefgekühlte Erdbeeren oder Himbeeren verwenden.

Buttermilch-Holunderbeeren-Smoothie

FÜR 4 PERSONEN

- 400 g Holunderbeeren
- 400 g Johannisbeeren
- 1 EL Birnendicksaft
- 400 g Buttermilch

1 Portion (ca. 300 g): 139 kcal, 7 g Eiweiß (23 E%), 2 g Fett (18 E%), 18 g Kohlenhydrate (59 E%)

01 Holunderbeeren und Johannisbeeren verlesen, kurz unter fließendem Wasser waschen und in ein hohes Gefäß zum Mixen geben.

02 Birnendicksaft dazugeben und die Mischung mit einem Stabmixer pürieren.

03 Den Smoothie anschließend in Gläser füllen und die Buttermilch als Topping dazugeben. Mit einem Strohhalm servieren.

TIPP: Anstelle der Buttermilch können Sie auch Kefir verwenden. Er schmeckt nicht so säuerlich.

Heidelbeer-Mango-Shake

FÜR 4 PERSONEN

- 400 g Heidelbeeren
- 2 Mangos
- ½ Bund frische Minze
- 300 g Joghurt (3,5 % Fett)
- 250 ml Milch (3,5 % Fett)
- 5 Tropfen flüssiges Stevia

1 Portion (ca. 315 g): 175 kcal, 6 g Eiweiß (15 E%), 6 g Fett (32 E%), 22 g Kohlenhydrate (53 E%)

01 Heidelbeeren verlesen und waschen. Mangos schälen, entkernen und grob würfeln. Minze waschen und die Blätter von den Stielen befreien.

02 Joghurt, Milch, Heidelbeeren, Mango, die Hälfte der Minze und das Stevia mit einem Stabmixer pürieren.

03 Den Shake in Gläser füllen, mit der restlichen Minze garnieren und servieren.

TIPP: Wer den Shake gerne etwas dickflüssiger und eiweißreicher mag, kann Joghurt durch Magerquark ersetzen, dieser enthält dreimal so viel Eiweiß wie Joghurt und hat eine deutlich festere Konsistenz.

Dickmilch-Protein-Shake mit Kaktusfeigen

FÜR 4 PERSONEN

- 4 Kaktusfeigen
- 400 ml Dickmilch (3,5 % Fett)
- 1 EL Eiweißpulver (neutral)
- 400 g Sauerkirschen (ungesüßt aus dem Glas, inkl. Saft)
- 1 EL Agavendicksaft

1 Portion (ca. 285 g): 150 kcal, 8 g Eiweiß (22 E%), 4 g Fett (26 E%), 19 g Kohlenhydrate (52 E%)

01 Kaktusfeigen halbieren, Fruchtfleisch mit einem Löffel herausnehmen und in ein hohes Gefäß zum Mixen geben.

02 Dickmilch, Eiweißpulver, die Sauerkirschen mit der Flüssigkeit und den Agavendicksaft hinzufügen und mit einem Stabmixer pürieren.

03 In Gläser füllen und den Shake mit einem Strohhalm servieren.

Käsekuchen mit Sauerkirschen

FÜR 4 PERSONEN

- 200 g Ricotta
- 200 g Magerquark
- 100 g Sauerkirschen (ungesüßt aus dem Glas)
- 1 EL Weizenmehl
- 1 EL Johannisbrotkernmehl
- 2 Ei + 1 Eiweiß (Größe M)
- 1 Prise Salz
- flüssiges Rumaroma
- 1 EL Birnendicksaft
- 2 EL Mandeln (gemahlen)
- 8 Muffinförmchen aus Silikon oder alternativ ein mit Papiermanschetten ausgelegtes Muffinblech

1 Portion (ca. 180 g): 243 kcal, 19 g Eiweiß (32 E%), 13 g Fett (49 E%), 11 g Kohlenhydrate (19 E%)

01 Ricotta und Magerquark mit einem Geschirrtuch vorsichtig entwässern (auspressen).

02 Backofen auf 180° Umluft vorheizen.

03 Die Sauerkirschen in einem Sieb abtropfen lassen und den Saft auffangen. Mehl mit Johannisbrotkernmehl mischen.

04 Eier mit 1 Prise Salz und zwei Tropfen Rumaroma und dem Birnendicksaft cremig rühren. Die Ricotta-Quark-Mischung untermengen und zusammen mit der Mehlmischung zu einem glatten Teig verrühren.

05 Die Ricotta-Quark-Masse auf die Muffinförmchen verteilen.

06 Das Eiweiß steif schlagen und mit den Mandeln mischen. Die abgetropften Sauerkirschen auf die Muffins verteilen und abschließend den Mandel-Eiweiß-Schaum daraufgeben.

07 Im Backofen (untere Schiene) ca. 20–25 Minuten backen. Anschließend 15 Minuten erkalten lassen, aus den Förmchen nehmen und servieren.

TIPP: Den aufgefangenen Sauerkirschsaft mit 100 g Magerjoghurt mischen und als Joghurtdrink dazu servieren.

Apfelmuffins

FÜR 4 PERSONEN

- 350 g Äpfel (z. B. Boskop)
- 150 g Haselnüsse (gemahlen)
- 1 TL Backpulver
- 1 EL Johannisbrotkernmehl
- 2 Eier + 1 Eiweiß (Größe M)
- 1 Prise Salz
- Mark von 1 Vanilleschote
- 1 EL Apfeldicksaft
- 40 g Butter
- 60 g Apfelmus (ungesüßt)
- 20 g Eiweißpulver (neutraler Geschmack)
- 8 Muffinförmchen aus Silikon oder alternativ ein mit Papiermanschetten ausgelegtes Muffinblech

1 Portion (ca. 200 g): 450 kcal, 15 g Eiweiß (14 E%), 35 g Fett (69 E%), 19 g Kohlenhydrate (17 E%)

01 Backofen auf 180° Umluft vorheizen.

02 Äpfel schälen, vierteln, Kerngehäuse entfernen und in feine Spalten schneiden.

03 Haselnüsse, Backpulver und Johannisbrotkernmehl mischen. Das Eiweiß mit einer Prise Salz steif schlagen.

04 Die Eier mit dem Vanillemark, dem Apfeldicksaft, der Butter und dem Apfelmus schaumig rühren. Eiweißpulver nach und nach zugeben und mit der Haselnussmischung zu einem glatten Teig verrühren. Den Eischnee vorsichtig unterheben.

05 Den Teig auf die Muffinförmchen verteilen, die Apfelspalten darauflegen und leicht andrücken.

06 Im Backofen (mittlere Schiene) ca. 18–22 Minuten backen. Anschließend 15 Minuten erkalten lassen, aus den Förmchen nehmen und servieren.

Nusskräcker

FÜR 4 PERSONEN

- 30 g Weintrauben (kernlos, hell)
- 30 g Walnüsse (gehackt)
- 30 g Haselnüsse (gehackt)
- 30 g Sojaflocken (aus dem Reformhaus)
- 10 g Eiweißpulver
- 2 Eier (Größe L)
- Mark von 1 Vanilleschote
- 30 g Magerjoghurt (ca. 2 EL)

1 Portion (ca. 75 g): 208 kcal, 11 g Eiweiß (21 E%), 17 g Fett (73 E%), 3 g Kohlenhydrate (6 E%)

01 Backofen auf 140° Umluft vorheizen. Ein Backblech mit Backpapier auslegen.

02 Die Weintrauben waschen, von den Rispen zupfen, halbieren und mit den Walnüssen, den Haselnüssen, den Sojaflocken und dem Eiweißpulver mischen.

03 Die Eier mit dem Vanillemark und dem Magerjoghurt in einer Schüssel verquirlen, die Nussmischung dazugeben und alles gut vermengen, bis eine homogene Maße entstanden ist. Anschließend den Teig ca. 15 Minuten ruhen lassen.

04 Den Nussteig mit einem Teelöffel abstechen, auf ein Backblech setzen und flach drücken.

05 Im Backofen (Mitte) ca. 20–25 Minuten backen.

06 Die Kräcker vor dem Servieren erkalten lassen.

TIPP: Die Nusskräcker haben aufgrund des niedrigen Wassergehalts und der vielen Nüsse eine höhere Energiedichte als die übrigen Desserts. Teilen Sie sich die sechs Kräcker, die das Rezept pro Portion ergibt, auf zweimal auf und essen Sie jeweils ein Stück Obst dazu.

Apfelcrêpes

FÜR 4 PERSONEN

- 3 Eier (Größe L)
- 3 g Johannisbrotkernmehl
- 40 g Mandeln (gemahlen)
- 30 g Eiweißpulver (neutral)
- 100 ml Milch (1,5 % Fett)
- 1 TL Walnussöl
- 20 g Butter
- 4 EL Apfelmus (ungesüßt, Glas, ca. 40 g)
- Mark von 1 Vanilleschote

1 Portion (ca. 110 g): 210 kcal, 14 g Eiweiß (28 E%), 15 g Fett (66 E%), 3 g Kohlenhydrate (6 E%)

01 Für die Crêpemasse mit einem Stabmixer Eier, Johannisbrotkernmehl, Mandeln, Eiweißpulver, Milch, Vanillemark und Walnussöl fein pürieren.

02 In einer heißen Pfanne pro Crêpe jeweils 5 g Butter erhitzen. Ein Viertel der Crêpemasse hineingießen und den Crêpe von beiden Seiten goldbraun ausbacken. Den Vorgang noch dreimal wiederholen.

03 Die Crêpes vor dem Servieren mit jeweils 1 EL Apfelmus bestreichen und aufrollen.

TIPP: Die Vanilleschote längs halbieren und mit einem Teelöffel das Mark ausstreichen, um möglichst viel Vanillemark herauszubekommen.

Gefüllte Pflaumen mit Ziegenkäse im Schinkenspeckmantel

FÜR 4 PERSONEN

- 12 reife Pflaumen
- 150 g Ziegenkäse (mild)
- 1 Bund frischer Rosmarin
- 200 g Schinkenspeck (8 Scheiben)
- 2 EL Olivenöl

1 Portion (ca. 185 g): 275 kcal, 18 g Eiweiß (26 E%), 18 g Fett (60 E%), 10 g Kohlenhydrate (14 E%)

01 Backofen auf 180° Umluft vorheizen.

02 Pflaumen waschen und zur Hälfte ein-, aber nicht durchschneiden. Kern entfernen.

03 Ziegenkäse in 8 Stücke teilen. Rosmarin waschen und in 8 Zweige teilen.

04 Den Ziegenkäse ins Herz der Pflaume füllen. Anschließend jede Pflaume mit 1 Scheibe Schinkenspeck umwickeln und mit 1 Zweig Rosmarin feststecken.

05 Die Pflaumen auf ein Backblech setzen, mit dem Öl beträufeln und im Ofen (Mitte) ca. 5–6 Minuten backen.

TIPP: Die gefüllten Pflaumen können Sie sowohl heiß als auch kalt servieren und genießen.

Sauerkirschauflauf

FÜR 4 PERSONEN

- 250 g Sauerkirschen (ungezuckert, Glas)
- 10 g Butter
- 2 Eier + 1 Eiweiß (Größe L)
- 1 Prise Salz
- Saft von ½ Zitrone
- Mark von 1 Vanilleschote
- 4 EL Kokosflocken
- 100 g Speisequark (Vollfett)
- 150 ml Milch (1,5 % Fett)
- 1 EL Johannisbrotkernmehl

1 Portion (ca. 180 g): 190 kcal, 10 g Eiweiß (21 E%), 13 g Fett (62 E%), 8 g Kohlenhydrate (17 E%)

01 Backofen auf 160° Umluft vorheizen.

02 Die Sauerkirschen in ein Sieb abgießen und den Saft auffangen. Eine feuerfeste Auflaufform mit Butter ausstreichen und die Sauerkirschen gleichmäßig darin verteilen.

03 Das Eiweiß mit 1 Prise Salz und dem Zitronensaft steif schlagen.

04 Die Eier mit dem Vanillemark, den Kokosflocken und dem Speisequark in einer Schüssel verrühren.

05 Nach und nach die Milch und das Johannisbrotkernmehl zugeben und alles kräftig vermischen.

06 Den Eischnee vorsichtig unterheben und die Masse auf die Sauerkirschen verteilen.

07 Den Auflauf im Backofen (Mitte) ca. 25–30 Minuten backen. Anschließend in vier gleich große Stücke teilen, auf Tellern anrichten und warm servieren.

Überbackener Fetakäse mit Himbeeren und Trauben

FÜR 4 PERSONEN

- 400 g Himbeeren
- 100 g Weintrauben (kernlos, hell)
- 200 g Fetakäse
- 1 EL Rapsöl
- 4 Eiweiß (von Eiern Größe M)
- 50 g Mandelblättchen

1 Portion (ca. 230 g): 310 kcal, 17 g Eiweiß (23 E%), 22 g Fett (64 E%), 10 g Kohlenhydrate (13 E%)

01 Backofen auf 180° Umluft vorheizen.

02 Himbeeren waschen. Weintrauben von der Rispe befreien, waschen und halbieren. Fetakäse in 4 gleich große Scheiben schneiden.

03 Eine Auflaufform mit Rapsöl ausstreichen und die Fetakäsescheiben hineinlegen.

04 Das Eiweiß mit einem Handrührgerät zu Eischnee schlagen.

05 Himbeeren und Weintrauben auf dem Fetakäse verteilen und mit dem Eischnee bedecken. Das Ganze im Ofen (Mitte) ca. 5–6 Minuten überbacken.

06 In der Zwischenzeit die Mandelblättchen in einer Pfanne ohne Fett ca. 1–2 Minuten anrösten.

07 Den überbackenen Fetakäse auf einem Teller anrichten, mit den Mandelblättchen bestreuen und servieren.

Käseplätzchen
mit Staudensellerie-Tomaten-Relish

Käseplätzchen

FÜR 4 PERSONEN

- 80 g Hartkäse (z. B. Parmesan)
- 2 g roter Pfeffer
- 1 Eigelb (Größe M)
- 2 g Rosmarin (getrocknet)
- 2 g Thymian (getrocknet)
- 50 g Pistazien (gehackt)
- 50 g Haselnüsse (gehackt)

1 Portion (ca. 185 g): 335 kcal, 13 g Eiweiß (16 E%), 28 g Fett (73 E%), 9 g Kohlenhydrate (11 E%)

01 Backofen auf 200° Umluft vorheizen. Ein Backblech mit Backpapier auslegen.

02 Den Hartkäse fein reiben und mit rotem Pfeffer, Eigelb, Rosamrin, Thymian, Pistazien und Haselnüssen vermischen.

03 Die Käse-Nuss-Masse in 12 gleichgroße Portionen teilen, auf das Backblech setzen und flach drücken.

04 Im Backofen (Mitte) ca. 8–10 Minuten backen.

Relish

FÜR 4 PERSONEN

- 2 Stangen Staudensellerie
- 2 Tomaten
- 1 kleine Zwiebel
- 2 EL Olivenöl
- 1 TL Speisestärke
- 1 EL Ahornsirup
- Saft von 1 Limette
- 2 Spritzer Tabasco
- Salz und Pfeffer nach Geschmack

01 Staudensellerie putzen, waschen und in feine Scheiben schneiden. Tomaten waschen und in kleine Würfel schneiden. Zwiebel schälen und ebenfalls fein würfeln.

02 Öl in einer beschichteten Pfanne erhitzen. Staudensellerie, Tomaten und Zwiebel ca. 2 Minuten scharf anbraten. Die Pfanne von der Wärmequelle nehmen.

03 Die Speisestärke in etwas Wasser auflösen und zum Gemüse geben. Anschließend alles nochmal kurz aufkochen. Mit Ahornsirup, Limettensaft, Tabasco, Salz und Pfeffer abschmecken.

TIPP: Mit etwas Koriander bekommt das Relish eine orientalische Note.

Blauschimmelkäse im Nussmantel mit Marillensauce

FÜR 4 PERSONEN

- 2 Eier (Größe M)
- 300 g Blauschimmelkäse (z. B. Bavaria blue)
- 100 g Haselnüsse (gemahlen)
- 40 g Sesam
- 40 g Butter
- 300 g Marillen (Aprikosen)
- 50 ml heller Traubensaft

1 Portion (ca. 230 g): 640 kcal, 27 g Eiweiß (17 E%), 54 g Fett (76 E%), 11 g Kohlenhydrate (7 E%)

01 Eier in einem tiefen Teller verquirlen.

02 Den Blauschimmelkäse in 8 gleich große Stücke schneiden.

03 Für den Nussmantel die Haselnüsse und den Sesam in einem tiefen Teller vermischen.

04 Den Blauschimmelkäse panieren: Dazu zuerst in Ei und dann in der Nussmischung wälzen. Diesen Vorgang zweimal wiederholen, bis der gesamte Käse dicht mit der Haselnussmischung umgeben ist.

05 Die Butter in einer Pfanne heiß werden lassen und die panierten Blauschimmelkäsewürfel ca. 3–4 Minuten von jeder Seite goldbraun backen.

06 In der Zwischenzeit die Marillen waschen, halbieren, entkernen und zusammen mit dem Traubensaft in einem hohen Gefäß mit einem Stabmixer fein pürieren.

07 Die gebratenen Käsewürfel zusammen mit der Marillensauce servieren.

TIPP: Beim Kauf von Haselnüssen in der Schale gilt: je größer die Nuss, desto schmackhafter der Kern. Die Nuss sollte relativ schwer und die Schale unversehrt sein.

Hüttenkäse mit Kaki und Cranberrys

FÜR 4 PERSONEN

- 2 Kakis
- 1 Galiamelone (ca. 400 g)
- 200 g Hüttenkäse
- 1 TL Zimt
- 30 g Haferflocken
- 20 g Sesam
- 30 g Cranberrys
- 50 ml Apfelsaft

1 Portion (ca. 225 g): 180 kcal, 10 g Eiweiß (22 E%), 5 g Fett (23 E%), 24 g Kohlenhydrate (55 E%)

01 Die Kakis vom Strunk befreien und in 2 cm große Würfel schneiden. Galiamelone schälen, entkernen und in 2 cm große Stücke zerkleinern.

02 Hüttenkäse zerbröseln und zusammen mit Zimt, Haferflocken, Sesam, Cranberrys und dem Apfelsaft in einer Schüssel mischen.

03 Die Kakis und die Melone vorsichtig untermengen und das Dessert in tiefen Tellern servieren.

Gefüllte Pfirsiche mit Ricotta aus der Pfanne

FÜR 4 PERSONEN

- 4 Pfirsiche (gelb)
- 16 Walnusshälften
- 200 g Ricotta
- 1 TL Honig

1 Portion (ca. 190 g): 229 kcal, 7 g Eiweiß (12 E%), 15 g Fett (59 E%), 16 g Kohlenhydrate (28 E%)

01 Backofen auf 180° Umluft vorheizen.

02 Die Pfirsiche waschen, halbieren und entkernen.

03 Die Walnüsse in einer heißen, feuerfesten Pfanne ohne Fett ca. 1–2 Minuten anrösten. Anschließend aus der Pfanne nehmen. In dieselbe Pfanne nun die Pfirsichhälften einlegen.

04 Den Ricotta mit dem Honig verrühren, gleichmäßig in die Pfirsichhälften füllen und jeweils eine Walnusshälfte eindrücken.

05 Das Dessert in der Pfanne im Backofen (Mitte) ca. 8–10 Minuten überbacken.

Parmesan-Quark-Gnocchi

FÜR 4 PERSONEN

- 500 g Magerquark
- 5 Eier (Größe M)
- 1 EL Mehl
- 1 EL Johannisbrotkernmehl
- 100 g Emmentaler Käse
- 50 g Haselnüsse (gemahlen)
- 50 g Parmesan
- Salz, Pfeffer und Muskat nach Geschmack

1 Portion (ca. 250 g): 432 kcal, 39 g Eiweiß (37 E%), 27 g Fett (55 E%), 9 g Kohlenhydrate (8 E%)

01 Quark mit Eiern gut vermischen. Mehl, Johannisbrotkernmehl dazugeben und umrühren.

02 Emmentaler fein reiben und zusammen mit den Haselnüssen in die Quarkmasse mengen. Mit Salz, Pfeffer und Muskat würzen und ca. 15 Minuten ruhen lassen.

03 In einem Topf 1 l Salzwasser zum Kochen bringen und den Teig portionsweise mit zwei Teelöffeln zu Nocken formen, ins Wasser geben und so lange leicht köcheln lassen, bis sie an die Oberfläche steigen.

04 Anschließend die Gnocchi aus dem Kochwasser nehmen, in einen tiefen Teller geben, mit Parmesan bestreuen und servieren.

TIPP: Zusammen mit einem bunten Salat eignet sich das Dessert auch gut als Hauptgericht.

Brombeergratin mit Camembert

FÜR 4 PERSONEN

- 400 g Brombeeren
- 200 g Physalis
- 200 g Camembert (45 % F. i. Tr.)
- 4 Eiweiß (von Eiern Größe M)
- 1 EL Rapsöl
- 50 g Mandelblättchen
- 20 g Pistazien (gehackt)

1 Portion (ca. 240 g): 350 kcal, 21 g Eiweiß (24 E%), 24 g Fett (61 E%), 13 g Kohlenhydrate (15 E%)

01 Backofen auf 180° Umluft vorheizen.

02 Brombeeren verlesen und waschen. Physalis aus den Blättern trennen und die Früchte halbieren. Camembert in 4 gleich große Scheiben schneiden.

03 Das Eiweiß mit einem Handrührgerät zu Eischnee schlagen.

04 In einer heißen, feuerfesten Pfanne mit Rapsöl Brombeeren, Physalis und Mandelblättchen 1–2 Minuten anbraten.

05 Die Brombeer-Physalis-Mischung mit dem Camembert belegen und mit dem Eischnee bedecken. Das Ganze im Backofen (Mitte) ca. 6–8 Minuten überbacken.

06 Das Brombeergratin mit den Pistazien bestreuen und servieren.

TIPP: Das verbleibende Eigelb können sie zugedeckt im Kühlschrank aufbewahren und am nächsten Morgen zu einem Omelett verarbeiten.

Impressum

© 2014–2015 systemed Verlag, Lünen. Alle Rechte vorbehalten. Nachdruck, auch auszugsweise, sowie Verbreitung durch Film, Funk und Fernsehen, durch fotomechanische Wiedergabe, Tonträger und Datenverarbeitungssysteme jeglicher Art nur mit schriftlicher Genehmigung des Verlages.

Die Marke LOGI sowie die LOGI-Methode sind für die Systemed GmbH, 44534 Lünen, geschützt.

Redaktion:	systemed Verlag, Lünen
	systemed GmbH, Kastanienstr. 10, 44534 Lünen
Lektorat:	Susanne Bader, Weißach
Fotografie:	Studio Reiner Schmitz, München
Umschlaggestaltung:	Hauptmann & Kompanie Werbeagentur, Zürich
Satz:	A flock of sheep, Lübeck
Druck:	Druckerei Uhl, Radolfzell
ISBN:	978-3-942772-95-2

2. Auflage